para Laura y para Irene.

Primera Edición 1987
Segunda edición 1989

Edición a cargo de
Verónica Uribe y Carmen Diana Dearden
Dirección de Arte: Irene Savino
©1987 Ediciones Ekaré-Banco del Libro
Avenida Luis Roche, Altamira Sur
Caracas 1062, Venezuela
Todos los derechos reservados
ISBN 980-257-028-1
Impreso en Caracas por Ex Libris, 1989

ABC

texto e ilustraciones de Vicky Sempere

EDICIONES EKARE   BANCO DEL LIBRO

Aa

Abracadabra,
pata de cabra;
piel de lagarta,
uña de danta.
Alcaraván,
ajos y pan.

Bb

El burro le dijo al bachaco:
"Ahoritica mismo vuelvo.

Vigílame el bienmesabe
y cuídame el bizcochuelo,
que no se queme el casabe
que dejo en el budare."

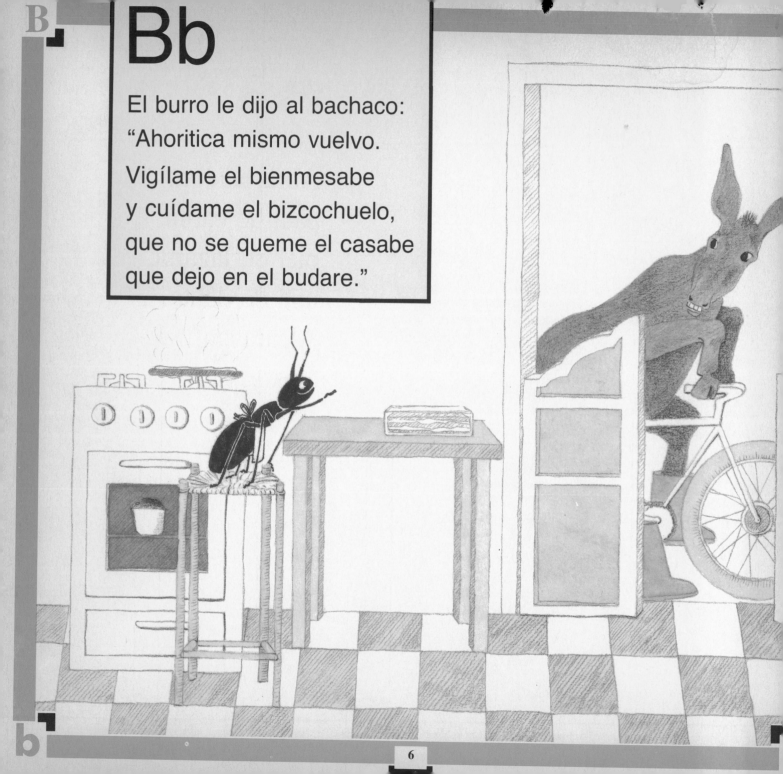

Cc

Cuatro cochinos comían
cinco ciruelas grandotas,
con coco, cazón y casabe
y cuarenta caraotas.

Ch ch

Le di ocho chirimoyas
a una chiva con chancletas,
a un chigüire dos ollas
y ochenta pantaletas.

Dd

*Dedo dado,
dos de lado;
danta diente,
dos de frente.
Dame candela,
pídele a Adela.
Dame un dragón,
toma un botón.*

Ee

Tres elefantes
en una escalera
suben al cielo
a limpiar las estrellas.

Ff

Las flores
se fueron
de fiesta,
con flauta,
furruco
y farolas,
perfume francés,
café vienés,
torta de fresas
y ponsigué.

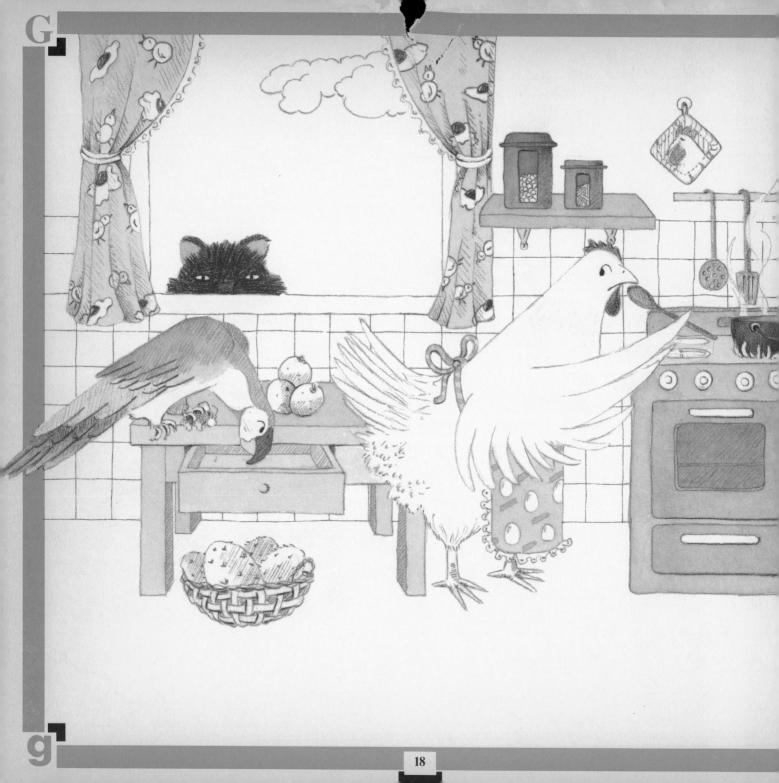

Gg

La gallina

en la cocina,

el garzón

en el salón.

La guacamaya

con sus guayabas,

la guacharaca

con su alharaca.

Hh

Una hormiga se ha encontrado
una hallaca y un helado,
un higo, un hilo, un huevo
y un halcón chupando hielo.

Esa iguanita que pasó por aquí

Ii

es tan chiquitica que casi no la vi.

Jj

Ojo cojo
pele el ojo.
Los jojotos
en remojo,
el jurel
en el jagüey,
el ají
en el cují.

Kk

La K está de asomada
y no sabe qué decir:
kilovatio, kilogramo
y otras cosas así.

Ll Una lechuza
a la luz de la luna
lava sus plumas
una por una

Ll   ll

*En el valle
vi una llave
y una mata
de llantén.*

En el llano
vi un caballo
con vestido
de satén.

Mm

Mapurite y morrocoy
están dame que te doy,
cinco mangos, un mamón,
tres cambures y un melón.
¡Toca la maraca,
méceme la hamaca!

Nn

Nene, nono, nananá,
no sea necio, venga acá.
Tengo nísperos, naranjas,
venga pronto a merendar.

Ññ

Anoche soñé
cosas extrañas:
un señor
y tres arañas
comían ñame,
piña y cañas.

Oo

Corre, corre
corocoro
que una ola
se llevó
dos orquídeas
y un ocumo
que ese oso
olvidó.

Pp

Todos van a la piñata
que está dando paraulata.
El perico va en patines;
el pato, con escarpines
y el pargo en una curiara,
repartiendo paraparas.

Qq

¿Quieres queso,
querrequerre?
Queso quiero,
tequeteque.

Rr

Por correr tras un ratón,
el perro quebró un jarrón
y derramó el guarapo
sobre el plato de turrón.

Ss

A la sombra de un samán,
un sapo con sombrero
le está poniendo sal
a un sancocho sabanero.

Tt

Tiqui tuqui tucucán,
en la mata está el tucán.
Tiqui tuqui tucuqueque,
en el monte está el tuqueque.
Dame ese tamarindo.
Te doy este que está lindo.

Uu

Curucuteando en un baúl,
me encontré un disfraz de bruja
y un frasquito de agua azul
para soplar burbujas.

Vv

A volar me llevó el viento
y todo chiquito lo vi:
veinte ovejas, diez venados
y una vaca con violín.

Xx

Yo no me explico,
dijo el perico.
Es cosa extraña,
dijo la araña.
Es una ixora,
dijo la lora.

Yy

El cocuyo en el caney
vende auyamas y merey,
yucas, cabuyas, creyones
y flores de araguaney.

Zz

Zape, zepe, zapatón,
zapatero remendón.
Zapato, botín, botón;
suela, cazuela, zurrón.

Entre los primeros libros infantiles que se publicaron hacia mediados del siglo XVI, estuvieron los libros-alfabeto o abecedarios destinados a que los niños aprendieran a leer. Desde entonces han sido muy populares y se han publicados miles de ellos en todas las lenguas.

Los especialistas en lectura sostienen hoy que un abecedario no enseña a leer por sí solo; es tan sólo una herramienta más en el acercamiento de los niños a la palabra escrita que será más útil y apropiada si es también un motivo de juego. Este ABC intenta justamente eso: jugar con rimas, resonancias e imágenes para presentar a los niños las letras del alfabeto. Cada letra tiene su estrofa y una ilustración a doble página. En el texto, la letra aparece al comienzo o al medio de las palabras para que el niño reconozca su forma, su sonido y las diversas posiciones en que la puede encontrar. Se han utilizado además tipos de letras diferentes para familiarizar al niño con las variadas formas que adoptan los signos de tipografía. Las ilustraciones crean situaciones generalmente humorísticas a partir del texto y en ellas aparecen los objetos y animales mencionados en la estrofa, además de otros cuyos nombres comienzan con la letra del caso y que es necesario descubrir.

Vicky Sempere, autora e ilustradora de este ABC es egresada de la Fundación Instituto de Diseño de Caracas y ha ilustrado otros cuatro libros de Ediciones Ekaré. La preparación del ABC le llevó más de tres años. Su intención fue la de crear un abecedario para niños venezolanos, ágil, divertido y bellamente ilustrado.